NFT
(Jetons Non Fongibles)
2021-2022

Guide pour Débutants sur l'Avenir du Commerce de l'Art et des Objets de Collection et les Actifs Numériques

STELLAR MOON PUBLISHING

Avis de non-responsabilité

Introduction

Cet engouement est sans précédent : La demande de NFT est élevée et en hausse, le marché des échanges d'actifs numériques sont devenus une activité lucrative.

Les artistes, les investisseurs et les collectionneurs pressentent de nouvelles opportunités, car les jetons virtuels ouvrent les portes d'un marché futur potentiellement énorme. Un NFT du graphiste Mike "Beeple" Winkelmann a déjà atteint 69 millions de dollars américains, et les mèmes changent également de mains pour des prix à six chiffres.

Que sont exactement les NFT et à quoi peuvent-elles servir ?
Le terme "jeton non fongible" (NFT) est une abréviation pour "jeton non fongible".

Contrairement aux bitcoins ou à tout autre billet de banque, les NFT sont distincts, ce qui signifie qu'ils sont complètement différents et non interchangeables.
De ce fait, un NFT peut être pratiquement sans valeur, alors qu'un autre peut être vendu aux enchères à un entrepreneur singapourien pour 69 millions de dollars.

Ainsi, alors que les crypto-monnaies peuvent être échangées de la même manière que l'argent ordinaire, les NFT démontrent la propriété légale ainsi que la propriété des œuvres et des médias numériques. Les NFT peuvent également être signés de manière cryptographique, ce qui leur confère un droit de propriété.

Qu'il s'agisse d'images, de musique, de billets d'événements virtuels ou de noms d'utilisateur et d'articles dans les jeux vidéo : Tous ces biens numériques sont négociables grâce aux ENF, qui certifient également des revendications de propriété juridiquement valables.

La propriété des NFTS est actuellement principalement stockée comme un composant de la blockchain Ethereum.

Ce livre sur les NFT a été compilé par les experts en crypto de Stellar Moon Publishing et vous apprendra tout ce que vous devez savoir sur l'avenir du commerce des biens numériques.

Nous avons tout prévu, des tendances actuelles à tout ce que vous devez savoir sur l'achat ou la vente de NFT !

Table des matières

Nos livres

Consultez notre autre livre pour en savoir plus sur le trading de crypto, l'investissement, la façon de faire du profit et les conseils et stratégies essentiels pour un démarrage sans faille dans l'univers de la crypto.

Rejoignez le cercle exclusif des éditeurs de Stellar Moon !

Vous aurez un accès instantané à la liste de diffusion avec des mises à jour de nos experts chaque semaine !

Inscrivez-vous ici dès aujourd'hui :

Que sont exactement les NFT ?

Comme nous l'avons déjà dit dans l'introduction, un NFT est l'abréviation de "Non-Fungible Token" (jeton non fongible) et, avec ce terme, il décrit une valeur non échangeable.

Ainsi, une NFT s'oppose aux valeurs échangeables, telles qu'une monnaie. La fongibilité, ou interchangeabilité, est un terme utilisé en économie et en finance. Il s'agit de la capacité d'échanger un article avec un article similaire de valeur comparable. Par exemple, quatre billets de 5 euros peuvent être échangés contre un billet de 20 euros sans changement de valeur. Les valeurs non "fongibles", les NFT, sont exactement le contraire. Chaque VNF est unique et ne peut être remplacée par un autre article.

Les tableaux célèbres sont un bon exemple de ces objets qui ne peuvent être remplacés. Vous ne pouvez pas remplacer un tableau original de Van Gogh par un poster acheté au magasin du musée. Le poster n'a pas la même valeur que le vrai tableau.

La différence entre fongible et non fongible

Pour comprendre ce qui rend NFT si unique, il faut d'abord comprendre la distinction entre les matériaux fongibles et non fongibles.

Lorsqu'une chose est fongible, cela signifie qu'elle est interchangeable de manière homogène. Les billets de banque ou les métaux précieux en sont des exemples dans le monde réel : un gramme d'or pur a la même valeur qu'un autre gramme d'or pur. Et il importe peu que vous donniez à quelqu'un un billet de dix euros s'il ne vous rend pas exactement le même billet.

Lorsqu'un objet n'est pas fongible, tout cela change. Bien que deux objets puissent sembler identiques à première vue, ils possèdent tous deux des informations ou des propriétés uniques qui les rendent irremplaçables ou non interchangeables.

Un billet d'avion est un exemple de bien non fongible. À première vue, les billets d'avion semblent être les mêmes, mais chaque billet contient un nom de passager, une destination et un numéro de siège différents.

Par conséquent, l'échange d'un billet d'avion contre un autre peut avoir de graves conséquences. Dans le domaine numérique, il s'agit d'une analogie avec les NFT. Les domaines Internet en sont un autre exemple, car chaque domaine ne peut exister qu'une seule fois.

Quelle est la différence entre les jetons non fongibles et les jetons fongibles ?

Les jetons non fongibles peuvent limiter et représenter les choses dans l'espace numérique d'une manière unique.

De nombreuses autres crypto-monnaies et jetons, comme le bitcoin et l'éther, sont fongibles. Vous ne remarqueriez pas de différence si vous envoyiez de l'éther à quelqu'un et receviez de l'éther en retour.

Il en va de même pour les jetons : la majorité des jetons sont actuellement basés sur la norme ERC-20 d'Ethereum. Pour simplifier, considérons que chacun de ces jetons est un billet de dix euros. Si vous envoyez ce jeton à quelqu'un et que vous en recevez un autre une semaine plus tard, ce jeton est identique à l'autre.

Avec les jetons non fongibles, tout cela change. Actuellement, la majorité des NFTs sur la blockchain Ethereum adhèrent à la norme ERC-721. Les jetons de cette norme peuvent être comparés aux cartes à collectionner Pokémon ou Yu-Gi-Oh. Chaque jeton possède son propre ensemble de caractéristiques et un niveau de rareté différent.

Il existe une autre différence importante dont vous devez être conscient. Les jetons fongibles sont divisibles, ce qui signifie qu'une fraction d'un bitcoin ou d'un autre jeton ERC-20 peut être envoyée ou possédée. Comme pour l'argent liquide, vous pouvez payer avec un billet de dix euros et recevoir de la monnaie en retour.

Les jetons non fongibles, en revanche, ne peuvent être partagés et doivent être achetés ou vendus en totalité. Comme pour les cartes à collectionner, personne n'achèterait la moitié d'une carte.

SICK
MY
DUCK
@combo-ck

Cas d'utilisation des NFT

Les applications des NFT sont pratiquement illimitées. Les jetons non fongibles, en fait, peuvent servir de base à une nouvelle économie numérique basée sur la technologie blockchain. Le monde réel et le monde numérique peuvent coexister avec l'aide de NFT.

Outre la cartographie de la rareté et de l'unicité dans un espace exclusivement numérique, le processus de numérisation des objets et des actifs du monde physique vers le monde virtuel est également grandement facilité.

Jeux

La vente d'armes ou de skins rares dans des jeux populaires tels que World of Warcraft, Fortnite, CS : GO et League of Legends est actuellement interdite. Il n'est pas non plus possible de combiner des objets ou des skins provenant de différents jeux. Il serait possible de transférer des objets et d'attribuer clairement les droits de propriété en utilisant des NFT. Cela permettrait d'atténuer certains des principaux désagréments rencontrés par les joueurs passionnés.

Art

Protéger ses droits d'auteur et gagner de l'argent à l'ère du numérique est souvent un cauchemar pour les artistes.

Quelqu'un peut utiliser les NFT pour acheter une œuvre d'art et la présenter dans un espace virtuel, la blockchain prouvant la propriété.

Cela permet aux artistes de protéger leurs droits d'auteur et de conserver une part plus importante du produit de la vente. En outre, une NFT peut être configurée de telle sorte qu'elle génère une source de revenus récurrente à partir de chaque vente ultérieure de la NFT. Plusieurs NFT ont récemment été vendus pour des centaines de milliers d'euros, et beaucoup s'attendent à ce que le secteur des NFT d'art connaisse une croissance spectaculaire à l'avenir.

Pièces de collection

Les NFT sont déjà utilisées pour créer de tout nouveaux types d'objets à collectionner, comme on l'a vu avec les CryptoKitties, le Fantasy Football Game Sorare et le NBA Top Shot de Dapper Labs.

Sorare, par exemple, permet aux utilisateurs d'acheter des versions symbolisées de leurs joueurs préférés. Le concept est similaire aux images de collection Panini dont beaucoup de gens se souviennent dans leur enfance. Le même principe est désormais appliqué dans le monde numérique sous la forme d'objets de collection numériques, qui représentent numériquement la possession d'une carte à collectionner.

Actifs financiers

Il existe un marché NFT assez important pour les actifs virtuels. Il est possible d'acheter des terrains virtuels sur des plateformes telles que Decentraland et Cryptovoxels.

Ces lots, comme les lots du monde réel, ont des caractéristiques distinctes.

Ces propriétés sont déjà échangées pour des dizaines de milliers d'euros dans les mondes virtuels. En outre, le site Web Unstoppable Domains propose des noms de domaines tokenisés. Tout nom de site web peut être converti en un NFT que chacun peut échanger librement.

Bien que ce domaine des NFT n'en soit qu'à ses débuts, des actifs réels tels que des œuvres d'art ou des contrats d'enregistrement peuvent être convertis en NFT. Les NFT sont utilisés pour prouver la propriété (partielle) d'une œuvre d'art ou pour régler les demandes de redevances.

Identités

Chaque personne est unique, de son apparence à ses diplômes et à ses antécédents médicaux. Il est possible de tokeniser cette identité à l'aide de jetons non fongibles. Cela signifie que toutes les données disponibles sur une personne peuvent être représentées sous la forme d'un NFT, ce qui permet aux gens de reprendre le contrôle de leurs données.

Pourquoi devriez-vous acheter des NFT ?

Une image peut être vue, copiée et sauvegardée en ligne par presque tout le monde. Une NFT, en revanche, fournit à l'acheteur quelque chose qui ne peut être reproduit. Plus précisément, la propriété d'une œuvre. Les NFT peuvent être comparées à des objets de collection.

Comme les peintures, les timbres et les bandes dessinées, mais sous forme numérique. Toutefois, à première vue, il semble que vous achetiez quelque chose qui est déjà librement disponible sur l'internet. Par exemple, des photographies et des vidéos. Un slam dunk de LeBron James a récemment été vendu comme carte à collectionner pour 208 000 dollars. La vidéo, cependant, est disponible gratuitement sur l'internet.

Le problème ici est qu'un objet de collection est tangible dans la vie réelle. Un tableau, tel que la Joconde, peut avoir un aspect différent de celui d'une copie d'affiche. En revanche, les ENF numériques sont visuellement indiscernables de leurs copies. Seule l'utilisation d'un cryptage sous-jacent garantit qu'il s'agit bien de l'original.

Ainsi, une NFT n'a de valeur que parce que d'autres lui attribuent une valeur fictive.

Dans le contexte du dunk de LeBron, cela signifie que la carte à collectionner qui inclut la vidéo est le clip officiel de la NBA.

La possession du clip officiel ajoute du prestige à la carte, ce qui en augmente la valeur. Seuls ceux qui possèdent cette carte ont la véritable propriété du clip. Tout le reste est une contrefaçon.

Comment s'assurer que les originaux ne sont pas simplement copiés ?

La blockchain Ethereum comprend des NFT. Il s'agit du cadre fondamental de la crypto-monnaie "Ether", qui a la deuxième plus grande valeur au monde après le bitcoin. Si d'autres blockchains ont désormais mis en œuvre des NFT, le réseau Ethereum reste la plus grande plateforme de NFT.

Par conséquent, les NFT sont un type de crypto-monnaie. Ils sont toutefois distincts du bitcoin, de l'éther et des autres crypto-monnaies. Ils possèdent une signature numérique, semblable à la signature d'un grand peintre. Cela signifie que l'original peut toujours être identifié comme tel, même s'il en existe de nombreuses copies similaires.

La blockchain est analogue à un système comptable pour les comptes, mais elle est entièrement en ligne et numérique. Il s'agit d'une méthode sûre pour suivre la vente d'articles numériques. Les NFT, en revanche, sont stockées sous la forme d'une chaîne de chiffres et de lettres, par opposition à un livre de comptes.

Ce certificat virtuel stocke des informations sur le propriétaire ou le détenteur d'un NFT, ainsi que la date de vente et la personne à qui il a été vendu.

La transaction d'argent dépensée pour un NFT est ajoutée à la liste des transactions précédentes avec l'achat. Le stockage de ces données dans la blockchain garantit l'authenticité et l'unicité du NFT.

Qui a besoin des NFT en premier lieu ?

Cela résout un problème auquel de nombreux créatifs sont confrontés sur Internet.

Elle leur permet de s'assurer que leurs œuvres ne sont pas simplement copiées et distribuées sur l'internet. La valeur d'un original unique augmente du fait de sa création. Il ne peut exister qu'un seul original authentique de chaque ENT.

Par conséquent, l'objectif est de créer une rareté artificielle. Un bon exemple est un service de streaming tel que Spotify. Les musiciens ne reçoivent qu'une petite somme d'argent pour leurs chansons sur Spotify. Cependant, si une chanson n'est disponible qu'une seule fois en tant que NFT sur Internet, sa valeur monte en flèche.

Il peut y avoir plusieurs copies de la chanson, mais une seule personne peut posséder l'original. En outre, le créateur d'un NFT peut y stipuler, par exemple, qu'un certain montant lui est versé à chaque fois que le jeton est revendu.

Les créateurs peuvent désormais proposer des objets pour lesquels il n'existait auparavant aucune plateforme de vente grâce aux NFT. Des GIFs ou des autocollants, par exemple, à envoyer via Messenger.

En théorie, les ENT peuvent être tout ce qui peut être stocké numériquement. Cependant, pour l'instant, l'accent est mis sur l'art numérique.

Les NFT sont motivées par la spéculation.

Les NFT sont également un moyen pour les échantillonneurs non qualifiés de gagner de l'argent. Sur le marché de l'art, on peut acheter un NFT et spéculer sur l'augmentation de sa valeur.

Quelqu'un, par exemple, a acheté un "Gucci Ghost" pour 3600 dollars US sur le site "Nifty Gateway" et en veut maintenant 16.300 dollars US. Le prix initial de la création de l'image était de 200 dollars américains.

Quels sont les types de NFT ?

Les NFT sont utilisés, l'art numérique et les objets de collection sportifs, mais aussi les jeux vidéo. L'une des premières applications qui a utilisé le principe des NFT était le jeu de collection numérique "CryptoKitties" de 2017. Les joueurs du jeu pouvaient acheter, échanger et élever des chats à collectionner. Chaque nouveau chat était un NFT, garantissant ainsi son authenticité et son caractère unique.

L'exemplaire original de "Nyan Cat", un mème populaire de 2011 qui était à la fois un chat et une pop-tart (une pâtisserie américaine), a été vendu aux enchères en ligne en février pour 300 éthers (environ 600 000 dollars).

Kings of Leon, un groupe américain, a récolté 2 millions de dollars en publiant un album exclusivement numérique.

En mars, le premier tweet du fondateur de Twitter, Jack Dosey, s'est vendu 2,5 millions de dollars. Même le New York Times vend des articles comme NFT pour la bagatelle de 560 000 dollars.

En mars également, la maison de vente aux enchères Christie's a vendu aux enchères sa première œuvre d'art purement numérique sous la forme d'un NFT pour 69 millions de dollars américains - un collage de photos intitulé "The First 5000 Days", qui était en préparation depuis 13 ans.

La NBA américaine, par exemple, montre comment les NFT fonctionnent comme des cartes à collectionner avec Top Shot. Les utilisateurs peuvent l'utiliser pour collecter de courtes vidéos de moments forts du basket-ball. Depuis octobre 2020, NBA Top Shot a généré plus de 333 millions de dollars américains.

Bien entendu, le fait qu'une ENT soit unique ne signifie pas que chaque objet n'existe qu'une seule fois. Les cartes de collection, par exemple, peuvent exister plusieurs fois, tout comme dans la vie réelle. Cependant, grâce à la blockchain, il est possible de savoir quand chaque carte individuelle a changé de mains.

Pourquoi certains NFT valent-ils des millions d'euros ?

C'est là que les choses deviennent passionnantes et potentiellement dangereuses. Les opinions sur le NFT varient considérablement, tout comme pour le bitcoin et les autres crypto-monnaies. Certains voient les jetons comme une révolution inévitable dans le monde de l'art, tandis que d'autres les considèrent comme un gadget avec un énorme potentiel de perte.

Bien que vous ne puissiez pas accrocher le NFT sur votre mur, les jetons se sont déjà vendus à des prix exorbitants : Le premier tweet de Jack Dorsey s'est vendu 2,5 millions de dollars, une collection du créateur de Rick and Morty, Justin Roiland, s'est vendue 2,3 millions de dollars et la "Disaster Girl" Zo Roth a vendu un NFT de ses mèmes pour pas moins de 500 000 dollars.

Des sommes aussi importantes ne sont possibles que s'il existe une demande correspondante, qui est actuellement particulièrement élevée en raison du battage médiatique autour de la NFT. Les spéculateurs et les collectionneurs sont attirés par ce phénomène.

En outre, l'art numérique est incontestablement un marché puissant pour l'avenir, de sorte que NFT ne manquera pas de réveiller certaines personnes dans le secteur de l'art.

Bien entendu, il ne s'agit pas d'une garantie de richesse instantanée ; des bulles peuvent se former dans la NFT, et des pertes importantes peuvent survenir - mais aussi des profits massifs.

Y a-t-il un avenir pour les NFT ?

Nous ne pouvons que spéculer, mais tout semble aller dans ce sens pour le moment. Si l'art numérique est viable à l'avenir, il est probable que les NFT le seront aussi.

De nombreux autres domaines d'application sont théoriquement possibles. Les jetons pourraient servir de billets infalsifiables pour des événements allant des concerts aux parcs aquatiques, en plus de servir de certificat d'authenticité.

Les objets non numériques pourraient un jour être vérifiés grâce à eux, et ils pourraient également être utilisés pour identifier les personnes, par exemple auprès des autorités ou des bureaux publics.

Il existe également des jeux vidéo dans lesquels les NFT prennent la forme d'objets, de personnages ou de terrains virtuels. Binance, la plus grande plateforme d'échange de crypto-monnaies au monde, est également entrée dans la danse : Noch en juin 2021, un marché distinct pour les crypto-arts sera établi.

À cet égard, il faut envisager à la fois la vente d'articles haut de gamme à prix élevé et la vente de produits Otto-Normaux : Une deuxième place de marché pour tous devrait permettre l'échange de marchandises douteuses.

Binance commencera avec une commission de 1%, ce qui implique que la société parie sur un marché en pleine croissance.

Il semble donc que les NFT soient là pour rester, et qu'elles puissent constituer une option d'investissement très intéressante et rentable.

Questions relatives à la NFT

Qui garantit qu'une œuvre reste unique ?

L'achat d'un NFT à un artiste ne signifie pas pour autant que celui-ci perd ses droits d'auteur. C'est l'un des problèmes potentiels des NFT. Après tout, que se passe-t-il si quelqu'un décide de vendre simplement la même œuvre que vous avez déjà achetée une deuxième fois ?

Jusqu'à présent, le jeune marché NFT n'offre pas de solution à ce problème. Il est donc important de s'assurer que la personne qui vend est digne de confiance. Les plates-formes de vente bien connues, telles que Nifty Gateway, OpenSea et Rarible, devraient donc être le premier port d'escale.

Une consommation d'énergie extrêmement élevée

Les NFT, comme les autres crypto-monnaies, nécessitent des quantités croissantes d'énergie car les blockchains sont extrêmement gourmandes en puissance de calcul. En conséquence, certains créateurs ont déjà déclaré qu'ils ne créeraient plus de NFT à l'avenir afin d'éviter d'augmenter encore la demande d'énergie.

Cependant, dans tous les cas, il s'agit d'un problème auquel nous devrons faire face à un moment donné. Il ne peut être éludé, il s'agit simplement d'un défi dans notre évolution que nous devrons surmonter.

Nous devons passer à des sources d'énergie
renouvelables dès que possible et, en substance, les
crypto-monnaies pourraient contribuer à résoudre ce
problème, en raison de l'urgence et du fait qu'à un
moment donné, les combustibles fossiles seront
épuisés.

Les ENF ne sont pas protégées contre la suppression

Au lieu d'acheter, par exemple, un tableau à accrocher
dans votre salon, lorsque vous achetez une NFT, vous
n'achetez qu'un type de titre de propriété, et non la NFT
elle-même.

L'acte de blockchain contient toutes les informations
relatives à la paternité, aux transactions et à la
propriété d'un NFT et, en tant que tel, il ne peut être
supprimé. Le NFT, quant à lui, doit être stocké sur un
serveur quelque part.

L'achat d'un NFT vous donne essentiellement accès au
NFT. Si le site Web est supprimé ou si le serveur où est
stocké le NFT est déplacé, ce code ne vous mènera nulle
part. Dans ce cas, posséder un NFT équivaut
essentiellement à posséder un lien mort sur Internet.

La question de la valeur

On peut également se demander si la seule possession d'un NFT unique lui confère une valeur. Il est vrai qu'un acheteur ou un acquéreur détient la NFT originale et authentique. Cependant, comme il s'agit d'art numérique, cette personne ne peut empêcher d'autres personnes de copier l'image et de la partager en ligne.

Les NFT sont-ils donc une bulle numérique en pleine évolution ? Les investisseurs continuent de croire que les NFT sont la prochaine révolution numérique. Mais de nombreuses questions restent sans réponse. Si vous achetez un NFT, qui vous garantit qu'il vaudra son prix ? La valeur d'un objet ne dure que tant qu'il y a des gens qui dépensent de l'argent pour l'acheter. Comme les autres crypto-monnaies, les NFT n'ont pas de valeur équivalente dans le monde réel. Si, par exemple, tout le monde décidait du jour au lendemain de transformer tous ses NFT en argent, qui les achèterait ?

Frais de gaz

En raison des prix de vente follement élevés qui font la une des journaux, de nombreuses personnes s'aventurent dans le commerce des jetons numériques de collection. Mais les choses ne se passent pas toujours comme prévu.

Robert Martin, stratège de contenu senior chez Kapwing, une plateforme de marketing numérique, a expérimenté la négociation de NFT. Il explique à Insider que le processus d'achat et de vente n'est pas aussi simple qu'il n'y paraît.

"C'est un peu comme dans le Far West", dit Martin après avoir payé des frais de transaction de plus de 200 dollars, appelés frais d'essence.

Ether (ETH), WAX et FLOW sont les crypto-monnaies les plus couramment utilisées sur les plateformes de trading NFT. Les utilisateurs qui choisissent l'Ethereum, la première monnaie numérique, supportent certains coûts. Les frais dits de gaz sont des frais de transaction qui couvrent les coûts énergétiques associés au traitement et à la validation des transactions blockchain. Les prix de l'essence varient en fonction de l'heure de la journée.

Martin, par exemple, a payé environ 30 dollars pour un NFT sur la plateforme d'échange Rarible en utilisant la crypto-monnaie Ethereum. Même après qu'un acheteur ait enchéri plus de trois fois le prix initial dans les 24 heures, il a fini par perdre plus de 200 dollars sur son jeton de collecte numérique.

Bien que les frais de transaction varient selon les plateformes d'échange, de nombreux sites populaires facturent aux utilisateurs des frais de gaz pour le traitement et la validation d'une transaction sur la blockchain, ainsi qu'un prix pour la vente et l'achat d'un NFT.

En outre, la plupart des plates-formes exigent un portefeuille numérique. Les utilisateurs doivent donc tenir compte des frais de change pour les pièces numériques comme l'éther.

Martin a été déconcerté lorsque son portefeuille numérique, Rainbow Wallet, lui a facturé près de 80 dollars pour échanger de l'éther Wrapped (WETH) contre de l'éther normal (ETH).

"Je devais payer pour recevoir WETH, mais il n'était pas clair si c'était moi ou l'expéditeur qui devait payer les frais", explique Martin.

Martin, en tant que nouvel utilisateur, n'a pas immédiatement compris ce qu'étaient les frais d'essence. En conséquence, la transaction lui a semblé être une bonne affaire ; il vendait un NFT en moins d'une journée pour près de trois fois le prix initial. Cependant, les frais supplémentaires ont fini par être supérieurs au prix d'achat initial.

Le portefeuille numérique de Martin contenait une description des frais en petits caractères, mais il aurait été utile qu'il y ait un avertissement ou une notification concernant les frais avant qu'il n'effectue l'achat.

"Les frais de gaz peuvent constituer un risque pour les nouveaux utilisateurs", a déclaré M. Martin. "Beaucoup plus d'informations et de conseils sont nécessaires à ce sujet". Tout semble être mis en place pour les personnes qui sont déjà familières avec le monde de la crypto."

M. Rodriguez-Fraile a déclaré qu'il savait que l'œuvre de Beeple serait un jour extrêmement précieuse, mais il n'avait aucune idée qu'elle passerait de 67 à 6,6 millions de dollars en quelques mois.

"Je ne voulais pas être quelqu'un qui achète quelque chose en espérant faire un profit rapide, mais je n'aime pas non plus perdre de l'argent", explique Rodriguez-Fraile. "J'ai reçu une offre plus élevée sur une autre pièce de Beeple, mais je l'ai gardée en raison de sa signification historique." Si j'ai vendu l'œuvre 'Crossroads', c'est uniquement parce que je pensais qu'elle pouvait donner une impulsion importante au développement de l'art numérique."

Cryptokitties et Ethereum

CryptoKitties, un jeu construit sur Ethereum qui permet aux joueurs de collectionner, d'élever et d'échanger des chats virtuels, a été l'un des premiers projets NFT à susciter beaucoup d'attention.

Chaque CryptoKitty peut avoir un mélange de caractéristiques telles que l'âge, la race et la couleur. Par conséquent, chacun est unique et ne peut être échangé contre un autre. Ils sont également indivisibles, ce qui signifie qu'un jeton CryptoKitty ne peut être divisé en parties divisibles (comme le gwei pour l'éther).

CryptoKitties a gagné en notoriété après avoir surchargé la blockchain Ethereum en raison de la quantité d'activité qu'elle a générée sur le réseau. Le All-Time High (ATH) pour le nombre de transactions quotidiennes sur la blockchain Ethereum est encore proche du pic de popularité de CryptoKitties en février 2020. Il est évident que le jeu a eu un impact important sur le réseau Ethereum, mais d'autres facteurs, comme l'essor des Initial Coin Offerings, ont également joué un rôle (ICO).

Vous pouvez en savoir plus sur les développements futurs de crypto kitties dans le chapitre consacré à la blockchain FLOW. La blockchain Flow a été créée par les développeurs de cryptokitties, en raison des lacunes de la blockchain Ethereum.

Où peut-on acheter des NFT ?

Voici nos 5 principales places de marché où vous pouvez acheter et vendre vos biens numériques NFT. Des vidéos, des images GIF, des cartes à collectionner et des mèmes. Toutes sortes d'art numérique peuvent trouver un nouveau propriétaire sur ces places de marché.

5. Place de marché Enjin : Une place de marché pour les jeux

Le marché officiel pour les NFTs basés sur Enjin est le Marché Enjin. Les utilisateurs peuvent facilement et rapidement échanger des jetons non fongibles via ce site. Enjin a également publié l'une des premières places de marché pour les NFT et est largement considéré comme le créateur de la norme ERC-1155. Les jetons ENJ sont nécessaires pour acheter des NFTs. Vous aurez également besoin d'Ethereum pour traiter les transactions.

La plateforme Enjin est conçue spécifiquement pour les joueurs, avec divers articles pouvant être utilisés dans plusieurs jeux.

La place de marché Enjin a un volume d'échange important, répertorie des milliers d'articles et dispose d'une interface web facile à utiliser.

Selon DappReview, il y a plus d'un milliard d'articles ERC-1155 pour lesquels plus d'un million de dollars ont déjà été déposés auprès d'ENJ.

4. Rarible : Gagnez des jetons RARI en échangeant des NFT.

Les NFT peuvent être créés et échangés en utilisant Rarible. RARI, le jeton de gouvernance de la plateforme, est également disponible.

Ce jeton vous permet de voter sur des questions importantes. Les utilisateurs ont la possibilité de conserver les NFT générés, de les donner, ou de les vendre et de les acheter sur la place de marché. En outre, les utilisateurs de la plateforme Rarible recevront des jetons RARI en récompense de leurs échanges de NFT.

3. SuperRare : le marché des artistes

SuperRare, comme son nom l'indique, traite de l'art extrêmement rare. Il s'agit donc d'une place de marché NFT spécialisée dans les œuvres d'art numériques.

Avec des profils sociaux, une application mobile, des enchères en direct et des options de paiement avancées, la plateforme se distingue des autres places de marché NFT.

2. Decentraland : Une place de marché virtuelle

Decentraland est décrit comme un monde virtuel de type Minecraft où les NFT peuvent être échangés. Les utilisateurs peuvent également acquérir des parcelles uniques qu'ils peuvent développer librement. Dans le monde virtuel, il est également possible de jouer à divers jeux.

Il y a actuellement un spécial Halloween où vous pouvez gagner des boîtes contenant divers articles :

Les détenteurs de jetons MANA peuvent utiliser le jeton pour payer divers NFT dans Decentraland. En outre, MANA accorde aux utilisateurs des droits de gouvernance sur Decentraland. Cela permet à la communauté de voter sur les contrats NFT autorisés, les règles du marché et d'autres processus de Decentraland.

1. Opensea : Une place de marché mondiale pour les transactions non financières

À ce jour, Opensea est le plus grand centre d'échange de NFTs, permettant l'échange de tous les types de NFTs. Ainsi, les utilisateurs d'Opensea peuvent échanger, acheter et vendre des œuvres d'art, des articles de jeu, des objets de collection, des noms de domaine, etc.

Toutes les autres places de marché font pâle figure face à l'étendue de l'offre. En outre, la plateforme comprend un certain nombre de fonctions d'enchères et est entièrement intégrée à l'infrastructure cryptographique.

Bien qu'il s'agisse de la plus grande place de marché de NFT dans l'espace cryptographique, Opensea ne dispose pas de son propre jeton et ne sert actuellement que d'interface de négociation pour les NFT. Les NFT de Decentraland, SuperRare et Enjin, par exemple, peuvent être échangés sur Opensea.

OpenSea

OpenSea est une place de marché décentralisée pour les jetons non fongibles (NFT) permettant d'acheter, de vendre et d'échanger ces jetons uniques. Ils affirment eux-mêmes être la plus grande plateforme d'échange de NFTs. Pour la première fois, vous pouvez posséder un produit numérique.

Dans le passé, nous constatons que les œuvres d'art existantes, comme les images, peuvent être facilement copiées, ce qui signifie que plus aucun crédit ne va à l'artiste effectif. Avec la technologie blockchain, toutes les informations relatives à ces ENF sont enregistrées de sorte que le propriétaire légitime puisse toujours être retrouvé dans le code source.

Ces éléments numériques faisaient auparavant partie des données d'une entreprise. Prenons l'exemple de jeux populaires comme Fortnite. Vous pouvez aller changer la tenue de votre avatar préféré, mais il ne sera jamais le vôtre. Cela est dû au fait qu'il existe des règles imposées par le conseil central qui déterminent ce qui est possible sur la plateforme et ce qui ne l'est pas.

Contrairement aux NFTs, vous pouvez aller concevoir une tenue qui n'appartient pas à la plateforme, mais qui vous appartient. Une plateforme comme OpenSea montre immédiatement la liberté dont chacun dispose en matière de création et d'échange de NFT. OpenSea compte plus de 14 millions d'articles répertoriés et d'autres sont ajoutés chaque jour.

Avant de pouvoir échanger des NFT sur OpenSea, vous avez besoin d'un portefeuille Ethereum. Il s'agit d'un portefeuille lié aux jetons ERC20 sur la blockchain d'Ethereum. Vous pouvez en savoir plus sur l'achat de NFT avec un portefeuille dans le chapitre suivant.

Comment utiliser OpenSea

Il y a beaucoup de NFT en circulation à OpenSea, il est donc important que vous puissiez naviguer facilement. L'onglet "Browse" vous permet de rechercher des éléments. Si vous connaissez le nom de l'œuvre en question, vous pouvez y accéder directement. Sinon, vous pouvez utiliser les options de filtrage.

Par exemple, vous pouvez choisir entre l'art mais aussi les objets de collection ou le sport, entre autres. Si vous choisissez un segment de marché ici, vous verrez immédiatement les articles de collection et les articles tendance. Ceux-ci apparaissent en haut des résultats de votre recherche.

En activant des filtres supplémentaires, vous pouvez choisir d'afficher immédiatement les NFT dont le prix est le plus élevé, ou les articles dont la date d'expiration est proche. Vous ne voulez acheter qu'un article en solde ? Il existe plusieurs options de filtrage pour que chacun puisse naviguer facilement sur le réseau.

Le réseau utilise également différents statuts par élément. En haut, vous pouvez filtrer entre les types de NFT par défaut, mais sur le côté gauche du menu, vous pouvez choisir différents statuts :

Acheter maintenant

Ce sont les œuvres qui sont immédiatement proposées à la vente. Ce sont des œuvres qui sont disponibles depuis un certain temps et c'est évidemment le groupe le plus important de NFT.

Nouveau

Vous cherchez les dernières NFT sur la plateforme ?

 Grâce au filtre "Nouveau", vous pouvez voir quelles œuvres ont été récemment ajoutées à la plateforme.

Grâce à ce filtre, vous pouvez voir s'il existe de nouvelles tendances dans le monde du NFT. Cela n'est pas seulement utile pour les acheter, mais aussi pour se lancer en tant que créateur.

Aux enchères

Il arrive aussi plus souvent que les artistes n'optent pas pour une vente classique, mais décident de mettre leurs œuvres aux enchères dans le cadre d'une vente aux enchères. Celle-ci a une date de fin fixe. Une fois cette date passée, l'œuvre est vendue au plus offrant. Pour chaque objet, vous pouvez voir quelle a été l'offre la plus élevée et qui a fait cette offre.

A des offres

Toutes les œuvres ne sont pas intéressantes et ne reçoivent pas d'offres, ce serait trop beau. Vous pouvez donc choisir de ne montrer que les biens numériques qui ont déjà des offres. De cette façon, vous ne faites pas défiler sans fin de nouvelles œuvres qui ne sont pas intéressantes mais qui reviennent sans cesse.

Ces filtres ne sont pas séparés mais peuvent être combinés entre eux. Par exemple, vous pouvez filtrer sur les nouveaux articles qui ont déjà eu des offres.

Pourquoi cela est-il intéressant ? Vous pouvez ainsi voir quelle est la demande, combien de personnes sont intéressées par une NFT ou une forme d'art particulière.

Vous pouvez alors vous mettre au travail pour créer vous-même un NFT et le proposer à la vente sur la plateforme. Par exemple, nous avons vu en avril 2021 qu'il y a un intérêt croissant pour le nouveau Polkamon.

Comment acheter ou vendre des NFTS ?

Pour acheter, vendre ou créer un NFT, vous avez besoin de crypto-monnaies, d'un portefeuille et de quelques autres étapes pour commencer. Nous avons expliqué ce processus en 4 étapes faciles ci-dessous, et cela devrait vous mettre sur la voie de votre première propriété d'art numérique.

Étape 1 : créer un portefeuille

Pour créer et vendre des NFT, vous devez d'abord obtenir une crypto-monnaie. Celle-ci, à son tour, ne peut être conservée que dans un porte-monnaie numérique (wallet). Cela signifie que vous devez d'abord obtenir le porte-monnaie. Il existe différents fournisseurs pour différentes monnaies. Cependant, comme les principales plateformes de négociation sont généralement construites sur la blockchain Ethereum, vous aurez également besoin de la monnaie correspondante : ETH. Sur la page ethereum.org, vous pouvez découvrir les portefeuilles qui conviennent. Vous y trouverez un outil utile de recherche de portefeuilles.

Vous pouvez également consulter les principales plateformes de trading pour voir quels portefeuilles sont compatibles avec le service. Les portefeuilles, soit dit en passant, ne servent qu'à interagir avec votre compte de crypto-monnaie. Par conséquent, le changement de fournisseur est simple.

N'oubliez pas que chaque blockchain possède son propre ensemble de normes NFT. Autrement dit, si vous créez une œuvre d'art NFT sur la blockchain Ethereum, vous ne pouvez la vendre que sur des plateformes prenant en charge Ethereum. Binance Smart Chain, Polkadot, Tron et Tezos sont quelques alternatives à Ethereum. Il n'est pas difficile de fournir un NFT sur plusieurs blockchains.

Étape 2 : Acheter des crypto-monnaies

Vous devez maintenant acheter la devise appropriée après avoir choisi une devise et un porte-monnaie. Cela se fait généralement directement via l'application du portefeuille. Diverses méthodes de paiement sont disponibles, en fonction du fournisseur. Cette étape est nécessaire car les plateformes de trading facturent des frais pour la création de NFT. Un budget d'environ 100 € devrait être suffisant pour commencer.

Étape 3 : Connecter le portefeuille à une place de marché NFT

L'étape suivante consiste à sélectionner un lieu de négociation pour votre installation NFT. Il existe désormais une gamme variée de fournisseurs dans ce domaine. Rarible et OpenSea sont deux des plus populaires. Les deux plateformes disposent de la fonction Créer ou Connecter un portefeuille. Vous devez y sélectionner le portefeuille correspondant, après quoi vous pouvez vous connecter en scannant un code QR.

Étape 4 : Mettre en place et vendre ou acheter des ENF

Nous arrivons maintenant à la partie vraiment amusante du tutoriel : la fabrication des NFT. En théorie, la procédure est très simple. Vous devez d'abord télécharger votre œuvre (photo, chanson ou vidéo) sur le site d'échange approprié dans un format de fichier adéquat si vous avez quelque chose à vendre. Rarible, par exemple, accepte les formats de fichier suivants : PNG, GIF, WEBP, MP4 ou MP3.

Vous pouvez ensuite préciser les spécificités de la vente. Ainsi, peu importe qu'il s'agisse d'une vente aux enchères ou d'une vente à prix fixe. Vous pouvez également établir des redevances.

Cela signifie que chaque fois que l'œuvre d'art est vendue, vous recevrez un pourcentage du prix de vente. Lorsque vous avez terminé avec les spécifications, cliquez sur " Créer " pour télécharger votre œuvre d'art.

Vous êtes maintenant en mesure de vendre vos NFT. Cependant, il n'est pas nécessaire de vendre les NFT. Vous pouvez également les réaliser sans intention de les vendre et les télécharger sur votre galerie en ligne.

Les NFT, d'ailleurs, ne sont pas liés à la plateforme sur laquelle ils sont créés. Le NFT est stocké sur la blockchain correspondante et peut être consulté via une variété de plateformes.

Comme nous avons déjà expliqué un peu comment utiliser la plateforme Opensea, nous voulons ici expliquer brièvement comment vous pouvez acheter des NFT sur cette plateforme ou créer une liste pour vendre les vôtres.

Acheter des NFT sur OpenSea

L'achat est bien sûr aussi un aspect important avec une plateforme de trading comme OpenSea.

La question n'est bien sûr pas seulement de savoir pourquoi vous achetez un NFT, mais aussi comment. Tout d'abord, vous devez évidemment vous assurer que votre portefeuille est connecté et que vous disposez d'un capital suffisant pour acheter un NFT, y compris le gaz et les frais de transaction.

Sur la page d'aperçu, vous obtenez des informations détaillées sur la vente mais aussi sur l'artiste. Ainsi, vous pouvez voir quelles œuvres l'artiste a déjà réalisées. Vous êtes un collectionneur ? Vous pouvez ainsi acheter rapidement plusieurs objets du même artiste. Dans l'exemple actuel, il s'agit d'un nouvel objet qui vient d'être mis en vente sur la plateforme et qui a été consulté 13 fois.

Nous voyons que l'artiste veut vendre cet objet pour 50 $. Êtes-vous prêt à l'acheter pour le montant total ? Si non, vous pouvez également choisir de faire une offre informelle.

En bas de l'écran, vous trouverez un historique des transactions, qui vous permettra de voir si d'autres parties intéressées ont fait une offre et pour quel montant.

Cela vous permettra également de savoir si l'artiste a fixé un prix réaliste.

Créez votre propre liste NFT

OpenSea ne veut pas seulement être une place de marché pour les NFT, ils partagent également des connaissances sur la façon de commencer à créer vos propres articles.

Dans le menu de création, vous pouvez soudainement naviguer vers "développer avec nous". Ici, Open Sea vous offre de nombreux tutoriels pour vous permettre de démarrer facilement. Bien sûr, vous pouvez aussi choisir de créer votre propre NFT séparément de ces manuels.

L'avantage est qu'il n'y a pas de règles concernant ces éléments. Choisissez-vous de faire une version animée d'une image statique ? Préférez-vous créer une œuvre d'art abstraite et la proposer sur la plateforme ? Chacun est libre de créer ce qu'il veut.

Vous pouvez également créer votre NFT en dehors de la plateforme et le négocier sur OpenSea.

Lorsque vous êtes connecté à votre portefeuille, par exemple MetaMask, vous pouvez choisir dans votre tableau de bord personnel de créer un nouveau NFT ou de commencer à télécharger un NFT déjà créé.

Décrivez votre œuvre ou votre objet et allez-y, créez-le vous-même. Avez-vous créé votre NFT par le biais d'une autre plateforme ou l'avez-vous créé vous-même en utilisant, par exemple, des programmes graphiques ? Ce qui est bien, c'est que tout peut être un NFT. Vous souhaitez réaliser une œuvre d'une simplicité enfantine avec Paint ? Il se peut que vous puissiez la vendre pour une belle somme d'argent, à condition qu'il y ait un intérêt.

Vous pouvez télécharger votre NFT ici depuis votre ordinateur et il apparaîtra immédiatement dans votre tableau de bord personnel. Votre œuvre d'art numérique est sur votre ordinateur et en la téléchargeant sur OpenSea, vous la transformez en un NFT.

Je souligne à nouveau ici qu'il n'existe aucune réglementation pour la conception d'un NFT, c'est simplement la liberté qui prévaut dans le réseau décentralisé où chacun peut décider de ce qu'il veut créer et de ce qu'il veut offrir et échanger sur la plateforme.

Si certaines NFT sont principalement axées sur des cas d'utilisation, comme les avatars uniques pouvant être utilisés sur une plateforme de jeux, une NFT peut tout aussi bien être une image statique qui nécessite de l'imagination pour interpréter ce qu'elle représente.

Vous avez un penchant pour la créativité et vous souhaitez vous lancer vous-même dans la conception et la commercialisation de NFT ? Alors OpenSea est une plateforme conviviale et efficace. Vous pouvez voir non seulement les articles échangés, mais surtout les développements qui ont lieu dans le monde des NFT.

Découvrez les derniers articles et inscrivez votre propre jeton unique. Avec toutes ces connaissances, il ne devrait pas être trop difficile de commencer votre premier échange !

Les cas d'utilisation des NFT ne font qu'augmenter et évoluer au point qu'il n'y a presque plus de limites. Il existe de plus en plus de possibilités d'intégrer ces cas d'utilisation dans une autre plateforme.

Jusqu'à présent, c'est surtout l'industrie du jeu vidéo qui gagne en popularité, mais aussi l'art, les objets de collection ou la dernière tendance : les Polkamons.

Il y aura certainement d'autres choses et variantes à venir, d'autant plus que le secteur continue d'évoluer avec le financement décentralisé (DeFi). Plus d'intégration signifie également plus de classes d'actifs NFT et une expansion des possibilités et du nombre de plateformes d'intégration.

Plusieurs protocoles se disputent les NFT, mais un lieu centralisé comme OpenSea pour offrir et échanger des NFT ne fera que gagner en popularité à mesure que les cas d'utilisation se multiplieront. L'un des avantages est le haut degré de liberté qui permet à quiconque de créer un NFT.

Pièce Enjin

Nous avons déjà donné une brève explication sur la pièce Enjin et la place de marché Enjin, en tant que plateforme de jeux dans notre top 5 des places de marché pour les NFT.

Donc, pour le résumer, avant de nous plonger plus profondément dans Enjin ; Enjin Coin est une plateforme de jeu blockchain axée sur la création d'objets de collection numériques qui appartiennent réellement à l'utilisateur. Le projet de crypto a été sur le radar de nombreuses personnes depuis 2019, car ils ont établi un partenariat avec Samsung. Enjin fait cela grâce aux jetons ERC-1155, une version améliorée des jetons ERC20 et ERC721.

Enjin Coin est une crypto-monnaie destinée à l'industrie du jeu. L'équipe souhaite que cette monnaie soit utilisée partout dans l'industrie du jeu.

Outre cette crypto-monnaie, ils proposent également une plateforme tout-en-un pour développer votre propre jeu, basée sur la technologie blockchain. Cette plateforme est gratuite et tout le monde peut l'utiliser.

Actuellement, ils ont déjà plus de 250 000 communautés de jeu connectées et il y a pas moins de 20 millions de joueurs enregistrés sur la plate-forme. Cela montre qu'Enjin est vraiment un projet sérieux à suivre de près.

Enjin connecte les jeux

Dans de nombreux jeux, les joueurs peuvent s'acheter des objets qui permettent à leur personnage de s'améliorer dans le jeu. Un exemple bien connu est le jeu RuneScape, où vous pouvez, par exemple, acheter une épée pour devenir plus fort. Ces épées sont uniques à ce jeu et ne peuvent donc pas être utilisées dans un autre jeu tel que League of Legends.

Mais, comme ce serait bien si vous pouviez échanger votre épée contre des runes dans League of Legends (c'est un élément dans League of Legends qui rend votre personnage meilleur). Ou si vous êtes plutôt un fan de FIFA, vous pourriez rendre votre épée en échange de Cristiano Ronaldo sur FIFA. La plateforme d'Enjin vise à permettre l'union entre les jeux. Pour ce faire, elle symbolise les actifs d'un jeu, en l'occurrence l'épée, les runes et Cristiano Ronaldo.

Transformez les objets du jeu en jetons
Dans de nombreux jeux, les joueurs peuvent s'acheter des objets qui permettent à leur personnage de s'améliorer dans le jeu. Un exemple bien connu est le jeu RuneScape, où vous pouvez, par exemple, acheter une épée pour devenir plus fort. Ces épées sont uniques à ce jeu et ne peuvent donc pas être utilisées dans un autre jeu tel que League of Legends.

Mais, comme ce serait bien si vous pouviez échanger votre épée contre des runes dans League of Legends (c'est un élément dans League of Legends qui rend votre personnage meilleur). Ou si vous êtes plutôt un fan de FIFA, vous pourriez rendre votre épée en échange de Cristiano Ronaldo sur FIFA. La plateforme d'Enjin vise à permettre l'union entre les jeux. Pour ce faire, elle symbolise les actifs d'un jeu, en l'occurrence l'épée, les runes et Cristiano Ronaldo.

Quelles sont les possibilités offertes par la pièce Enjin ?

- **Mise à niveau des jeux existants**
  En plus de créer vos propres jeux, en tant que développeur de jeux, vous pouvez également choisir d'améliorer un jeu existant. Enjin propose des kits de développement logiciel (SDK) avec lesquels vous pouvez intégrer la technologie blockchain dans des jeux déjà publiés.

  Cela peut réduire les coûts et constitue un moyen de lutter contre la fraude. Dans de nombreux jeux, il y a beaucoup de "gold farming", où les traders gagnent beaucoup d'argent en échangeant de l'argent.
  Ces cultivateurs d'or font des ravages dans l'économie du jeu et les créateurs n'ont aucune idée des flux d'argent impliqués. Avec la technologie blockchain, toutes les transactions sont transparentes et tout le monde peut voir comment l'argent circule.

- **Création de jeux décentralisés**
  Comme Enjin Coin est basé sur la blockchain d'Ethereum, vous pouvez utiliser des contrats intelligents pour faire fonctionner les jeux de manière décentralisée. Cela signifie qu'un jeu fonctionne de manière complètement autonome et que tout est automatiquement contrôlé par le code de programmation.

- **Stimuler le joueur**
  Sur la plateforme Enjin, vous pouvez créer vos propres jetons pour votre jeu. Comme il s'agit de votre jeu, vous pouvez également décider de la fonction que vous souhaitez donner au jeton. Par exemple, pour le jeu de football FIFA, vous créez les jetons FIFA. Vous décidez à l'avance que les vainqueurs d'un match de football gagneront 100 jetons FIFA et que ces jetons représentent une valeur totale de 1 euro. De cette façon, vous créez une motivation supplémentaire pour vos joueurs, ce qui peut être bénéfique pour le jeu.

- **Récompenser les membres de la communauté**
  Vous pouvez également utiliser votre propre jeton pour vous assurer que vous faites grandir votre communauté de joueurs. Par exemple, vous pouvez donner aux membres des jetons lorsqu'ils ont été en ligne pendant 30 jours d'affilée ou lorsqu'ils ont introduit de nouveaux

membres. Ces jetons peuvent ensuite également être vendus contre des euros et représentent donc une valeur réelle.

Avantages de la monnaie Enjin

1. **La technologie blockchain apporte sécurité et confiance à l'industrie du jeu.** Les jeux d'aujourd'hui sont très sophistiqués et les joueurs veulent que leurs données soient correctement sécurisées. La blockchain est la technologie parfaite pour cela.

2. **Vous possédez véritablement un actif de jeu et vous pouvez également l'échanger contre d'autres actifs dans différents jeux.** Vous pouvez même choisir de créer votre propre nouvel objet et l'insérer dans le jeu.

3. **Ils proposent un kit de développement logiciel spécifiquement destiné aux développeurs de jeux.** Cela permet d'améliorer les jeux existants et de créer de nouveaux jeux basés sur la technologie blockchain.

4. **Enjin offre une solution à la fraude dans les jeux.** Les escrocs sont souvent actifs et utilisent des astuces astucieuses pour prendre l'argent de vos jeux. Grâce à la sécurité et à la transparence de la blockchain, cela est désormais beaucoup plus difficile.

5. **Les actifs du jeu ont une valeur réelle.** Grâce à la plateforme Enjin, vous pouvez échanger vos actifs contre de l'argent réel ou des actifs d'autres jeux.

6. **Vous pouvez créer vos propres ressources et les introduire dans le jeu.** Vous pouvez ensuite gagner de l'argent avec ces ressources.

7. **Les développeurs de jeux peuvent créer leur propre jeton et stimuler les joueurs et les membres de la communauté.** Vous pouvez fondre le jeton qui appartient au jeu en Enjin Coins et les vendre pour des euros.

Le jeton d'Enjin Coin : ENJ

La pièce Enjin est basée sur le réseau Ethereum et est donc un jeton ERC20. Cela permet également à la pièce d'être utilisée pour des contrats intelligents. Enjin est l'un des premiers projets à avoir adopté le réseau Raiden d'Ethereum. Ce réseau est similaire au réseau Lightning de Bitcoin, mais pour Ethereum. Ce réseau permet à la plateforme de traiter davantage de transactions.

Distribution du jeton

En novembre 2017, l'équipe a levé des fonds par le biais d'une offre initiale de pièces de monnaie (ICO). Lors de cette offre de pièces, ils souhaitaient lever 25 millions de dollars et ils ont réussi à atteindre la barre des 23 millions. 80% du nombre total de pièces ont été vendues lors de cette ICO et les 20% restants ont été répartis entre l'équipe, les conseillers et les différents programmes de récompense.

Portefeuille approprié pour le jeton

ENJ peut être stocké sur un porte-monnaie matériel ainsi que sur le marché d'échange. Cela est recommandé dans la plupart des cas, car vous possédez la clé privée et êtes donc le véritable propriétaire des pièces. Le porte-monnaie matériel le plus connu à l'heure actuelle est le Ledger Nano S.

Enjin possède également son propre portefeuille de crypto-monnaies et prend en charge Bitcoin, Ethereum,

Litecoin et les jetons ERC20, ERC721 et ERC1155. Il est disponible à la fois pour Android et IOS.

Enjin Coin aura-t-il sa propre blockchain ?
Actuellement, la pièce Enjin est basée sur la blockchain d'Ethereum. Pour l'instant, il n'est pas prévu de créer leur propre blockchain. Peut-être qu'ils y travailleront à l'avenir, mais malheureusement, en raison de l'absence de la feuille de route 2021, nous n'avons pas d'avis sur ce point pour le moment.

Concurrents
Les plus grands concurrents de Enjin Coin sont GameCredits et WAX.
Selon Enjin, il existe cependant une différence substantielle entre les deux. Son CMO, Elija Rolovic, affirme qu'Enjin Coin est l'" Ethereum du jeu " et que ses concurrents sont de simples jeux/places de marché centralisés qui transportent des crypto-monnaies. D'après ce qu'on entend, la rivalité est saine.

Enjin Coin ajoute les avantages de la blockchain à l'industrie du jeu en constante expansion. Avec une grande entreprise existante derrière le projet et une ICO réussie, les ressources financières devraient être bonnes. Reste à savoir si l'équipe réalisera ses plans. Il est regrettable qu'ils n'aient pas encore publié une feuille de route pour 2019. Ainsi, nous ne savons pas sur quoi ils travaillent. Mais, un géant de la technologie comme Samsung ne se lance évidemment pas dans des

affaires avec n'importe quelle entreprise, c'est donc un
signe très positif.

Blockchain de flux (FLOW)

Les NFT existent depuis plus longtemps que vous ne le pensez. Ces derniers mois, les jetons non fongibles sont redevenus follement populaires, mais cet engouement était également présent en 2017-2018. À l'époque, le jeu de blockchain CryptoKitties était extrêmement populaire.

Tellement populaire, en fait, que la blockchain Ethereum sur laquelle reposait CryptoKitties ne pouvait plus gérer le nombre de transactions, si bien que les coûts de transaction ont augmenté de façon spectaculaire.

Les développeurs de CryptoKitties, insatisfaits des performances de la blockchain Ethereum, ont commencé à développer leur propre blockchain : Flow Blockchain (FLOW). Flow est une nouvelle blockchain conçue pour la prochaine génération d'applications, de jeux et d'actifs numériques qui les alimentent.

Flow est donc une blockchain visant à ce qu'Ethereum n'était pas pour les CryptoKitties en 2017-2018. La blockchain est conçue pour être rapide, évolutive, décentralisée et facile à construire pour les développeurs.

Flow veut ainsi devenir la blockchain sur laquelle les développeurs pourront construire des applications, des jeux et des actifs numériques. L'espace de jeu Flow facilite au maximum la tâche des développeurs.

Quatre piliers distinguent Flow des autres blockchains :

55

- Architecture unique de la blockchain avec 4 rôles - évolutivité sans sharding.

- Les nœuds collecteurs augmentent l'efficacité du réseau.

- Les nœuds d'exécution assurent la rapidité et l'évolutivité

- Les nœuds de vérification garantissent l'exactitude des données de la blockchain.

- Les nœuds de consensus assurent la décentralisation

- Langage de programmation facile à utiliser appelé Cadence

- Interface conviviale - Les comptes de flux facilitent le paiement des frais de transaction et la récupération des clés privées perdues pour les utilisateurs.

Flow a depuis créé une impressionnante communauté de partenaires avec des partenaires tels que la NBA, l'UFC et Ubisoft.

Decentraland (MANA).

Le troisième projet cryptographique NFT prometteur est Decentraland (LAND & MANA). Decentraland est exactement ce à quoi vous vous attendez si vous lisez attentivement son nom : il s'agit d'un monde de réalité virtuelle décentralisé alimenté par la blockchain Ethereum.

Au sein de la plateforme Decentraland, les utilisateurs peuvent créer, expérimenter et générer des revenus à partir de contenus et d'applications. En gros, il s'agit d'un jeu similaire à Sims, Simcity et Second Life, à une différence près : le monde est décentralisé et repose sur la blockchain Ethereum.

Decentraland possède deux jetons : un jeton non fongible ERC-721, appelé LAND, et un jeton ERC-20 "normal", appelé MANA, qui est utilisé comme crypto-monnaie dans le jeu. Le monde de Decentraland, le "Metaverse", est divisé en 90 601 morceaux de LAND appelés parcelles. Chaque parcelle mesure 16 mètres sur 16 mètres.

L'espace virtuel en 3D de Decentraland s'appelle LAND. Les LAND peuvent être achetés en tant que joueur avec MANA. La blockchain Ethereum permet de savoir qui possède quel morceau de LAND. Il est important de savoir que le monde de Decentraland ne peut pas devenir plus grand ou plus petit.

Les propriétaires de LAND possèdent donc un bien virtuel sous la forme d'un jeton non fongible. Sur ce terrain au sein du monde virtuel de Decentraland, les propriétaires peuvent faire et fabriquer ce qu'ils veulent : ils sont les propriétaires de ce terrain.

Les propriétaires de LAND peuvent ainsi commencer à construire leur propre partie du monde virtuel. Grâce aux kits de développement logiciel de Decentraland, les propriétaires de LAND peuvent facilement créer des scènes 3D statiques, mais aussi des applications et des jeux interactifs.

Il arrive aussi souvent que de l'art numérique sous forme de NFT soit placé sur un morceau de LAND. Les joueurs peuvent alors acheter cet art numérique avec MANA.

Le Metaverse, comme nous l'avons mentionné plus haut, n'est constitué que d'environ 90000 morceaux de LAND. Cela crée une pénurie et fait augmenter le prix d'un morceau de TERRE, tout comme il est plus cher de vivre à New York que dans l'Ohio.

Sur le marché de Decentraland, vous pouvez voir et acheter des terrains virtuels. En ce moment, le morceau de TERRE le moins cher est en vente pour 9440 MANA. Converti en dollars, ce montant s'élèverait à environ 4000 $.

Outre le LAND, les joueurs peuvent également acheter ou gagner des objets de collection, comme une tenue, en participant à des événements spéciaux. Ces objets en jeu sont aussi des jetons, ce qui signifie qu'un jeton y est attaché. Dans ce cas, il s'agit de jetons non fongibles.

Enfin, ce qui rend Decentraland unique, c'est sa DAO. DAO est l'abréviation de Decentralized Autonomous Orginization (organisation autonome décentralisée). Une DAO peut en fait être considérée comme un gouvernement qui fonctionne sur la base de contrats intelligents. Grâce à la DAO, l'utilisateur a le contrôle sur les politiques mises en place pour déterminer comment le monde se comporte.

Par exemple, ils décident quels types d'objets portables sont autorisés et ils se penchent sur la modération du contenu, les politiques de LAND et les enchères. Chaque participant au réseau Decentraland peut voter avec son portefeuille Ethereum. L'impact de votre vote dépend du nombre de MANA et de LAND que vous possédez.

Dans l'ensemble, Decentraland est un cryptoprojet NFT car il ne s'agit pas principalement d'objets de collection ou d'art numérique, mais de biens immobiliers numériques sous la forme d'un jeton non fongible. Le projet de crypto existe depuis un certain nombre d'années, mais à ce jour, il est en pleine reconstruction.

Worldwide Asset eXchange (WAX)

De l'immobilier numérique sous forme de NFT, nous passons maintenant à une place de marché pour les NFT. Le Worldwide Asset eXchange, connu sous le nom de WAX, se présente comme le moyen le plus sûr et le plus pratique de créer, d'acheter, de vendre et d'échanger des objets virtuels - pour tout le monde, partout dans le monde. WAX a construit une plateforme axée sur la création de transactions efficaces grâce à la technologie blockchain.

WAX concentre ses efforts pour rendre les transactions sur son réseau aussi fluides, efficaces et sûres que possible.

L'industrie du jeu est énorme. Au niveau mondial, plus de 50 milliards de dollars d'articles de jeu sont vendus par 500 millions de joueurs chaque année. WAX est une place de marché pour les actifs numériques et dessert plus de 400 millions de joueurs en ligne qui vendent, achètent et collectionnent des objets dans les jeux.

Vous pouvez donc le comparer à un Bol.com ou à un Amazon axé sur le marché des jetons non fongibles. WAX permet des transactions fluides et rapides en utilisant un algorithme de consensus Delegated Proof Of Stake. Pour en savoir plus sur l'algorithme de consensus Delegated Proof Of Stake, cliquez ici.

L'écosystème WAX est axé sur l'industrie du jeu et les objets numériques à collectionner. Grâce au réseau WAX, les utilisateurs sont véritablement propriétaires de leurs objets de collection numériques ou de leurs articles de jeu. En termes généraux, cela ressemble à Enjin Coin. Ce qui rend WAX unique, c'est son kit de création de NFT qui permet aux développeurs de tokeniser très facilement des produits sous la forme d'un Token Non-Fungible.

En outre, l'équipe de WAX est composée d'employés ayant des années d'expérience dans l'industrie du jeu. En fait, WAX a été fondé par OPSkins. OPSkins était la plus grande place de marché au monde pour l'achat et la vente sécurisés d'articles numériques.

La plateforme WAX est déjà pleinement utilisée. Par exemple, Deadmou5, un producteur de house et de dubstep, a vendu ses NFT sur la plateforme cryptographique NFT.

Le bac à sable (SAND)

Un projet de crypto-monnaie NFT qui est en concurrence avec Decentraland est The Sandbox (SAND). The Sandbox, comme Decentraland, est un monde virtuel où les joueurs peuvent construire, posséder et gagner de l'argent avec des objets sur la blockchain Ethereum en utilisant SAND, la crypto-monnaie de la plateforme. Sandbox se distingue de Decentraland par un monde très similaire à Minecraft et Roblox.

Parce que le jeu fonctionne sur la blockchain Ethereum et que tous les objets du jeu peuvent être tokenisés sous la forme de NFT, le jeu permet aux utilisateurs d'avoir une réelle propriété sur leurs créations. En outre, les joueurs sont récompensés pour leur participation à la crypto-monnaie échangeable ERC-20 du monde The Sandbox, appelée SAND.

Le jeu est actuellement toujours en cours de développement et est attendu dans le courant de l'année.

Dans le marché actuel des jeux, le contenu créé par les joueurs est toujours la propriété des développeurs du jeu, et non des joueurs qui ont construit le contenu dans le jeu. Si quelqu'un construit un monde gigantesque et super interactif dans Minecraft, il n'est toujours pas propriétaire de ce monde, c'est le développeur du jeu.

En outre, le contrôle centralisé sur le commerce des objets en jeu fabriqués par les joueurs limite la valeur réelle de leurs créations. En outre, il peut être difficile de prouver la propriété des créations : il n'existe aucune preuve réelle que vous avez été le premier à construire un tel monde dans Minecraft.

La Sandbox veut mettre fin à cette situation en mettant en circulation tous les objets du jeu sous forme de jetons non fongibles (NFT). L'écosystème de The Sandbox se compose de 3 éléments.

Éditeur de voxels

L'éditeur Voxel est un programme de modélisation 3D facile à utiliser qui permet aux joueurs de créer des objets 3D dans le jeu tels que des marionnettes, des animaux, des plantes, des bâtiments et des outils. Ces objets 3D, une fois construits, deviennent des jetons non fongibles appelés ACTIFS. Ces ACTIFS peuvent être achetés et vendus sur le Marché de La Sandbox.

Place du marché

Sur le Marché de l'Environnement, les utilisateurs peuvent télécharger, publier et vendre leurs créations (ACTIFS) sous forme de NFT (jetons cryptographiques ERC-721 et ERC-1155). Ils peuvent également consulter et acheter les ACTIFS des autres joueurs.

Mode Game Maker

La dernière partie, et aussi la plus importante, de l'écosystème Sandbox est le jeu lui-même. Comme pour Decentraland, l'espace virtuel du monde de The Sandbox est divisé en jetons non fongibles ERC-721 appelés LAND. Grâce au mode Game Maker, les utilisateurs peuvent facilement "glisser" leurs ACTIFS dans le monde lorsqu'ils disposent d'un morceau de LAND. Cela permet aux joueurs de décorer et de personnaliser leur propre terrain comme ils le souhaitent.

En utilisant les NFT, les utilisateurs de Sandbox auront accès à certains avantages tels que :

- Propriété numérique réelle des biens du jeu.

- Sécurité et inamovibilité des biens en jeu.

- Commerce entre possessions numériques sans intermédiaire.

- Interopérabilité entre différents jeux : Les ACTIFS, TERRAINS et autres éléments de jeu peuvent être utilisés dans d'autres jeux.

La crypto-monnaie SAND est au centre de The Sandbox. Comme pour Decentraland, le jeton SAND peut être utilisé pour voter par le biais de la DAO. En outre, les détenteurs de SAND peuvent également mettre en jeu leur SAND pour générer un revenu passif.

Splyt : Combiner le commerce électronique et les NFT

Splyt est une infrastructure NFT pour alimenter des marchés financiers et de commerce électronique décentralisés. Sa plus grande force est de se concentrer sur les plateformes de commerce électronique. Le projet prend l'engouement actuel pour les NFT et le transforme en un cas d'utilisation réel.

Alors que de nombreux projets utilisent les NFT uniquement comme objets de collection, Splyt donne à chaque NFT une fonction au sein d'une chaîne d'approvisionnement.

Comment, me direz-vous ? Le cœur du projet est assez simple. Chaque article de l'inventaire d'une boutique en ligne est marqué de son propre NFT, ou eNFT comme Splyt aime l'appeler. Ce faisant, le protocole crée un système de commerce électronique meilleur et plus efficace qui aide les acheteurs, les vendeurs et les places de marché à gagner du temps et de l'argent en automatisant les principales fonctions intermédiaires.

En téléchargeant l'ensemble de son inventaire dans l'écosystème Splyt, chaque vendeur peut encourager d'autres personnes à vendre ses produits et leur verser automatiquement une commission pour cela.

Tout le monde peut créer une boutique en ligne Shopify - Powered by Splyt et commencer à vendre les produits disponibles dans le système Splyt.

La connexion à Splyt n'a pas seulement des avantages en matière de gestion de la chaîne d'approvisionnement, mais augmente considérablement la portée des vendeurs. Et c'est finalement l'aspect le plus important du commerce électronique, atteindre le client.

Chaque article peut être facilement retracé jusqu'à son origine et à travers chaque étape de la chaîne d'approvisionnement, montrant au client un processus ouvert et transparent.

La technologie blockchain qui la sous-tend vérifie chaque étape du processus et crée une chaîne d'événements non modifiable.

Cela permet à chaque client de savoir quand, où et comment le produit a été créé et finalement apporté à son domicile. Cette transparence est actuellement peu répandue.

Les entreprises qui utilisent le système de base de données eNTF bénéficient des avantages suivants :

- Un aperçu constant des stocks, tant dans les entrepôts que sur la route.

- Attitude ouverte et transparente envers les clients

- Rationalisation des ventes affiliées en vérifiant chaque étape de la chaîne d'approvisionnement.

- Le Dropshipping est plus transparent et plus efficace

Le seul problème pour les marques qui autorisent des tiers à redistribuer leur produit est le fait que les prix sont fortement gonflés et que les magasins de dropshipping ont généralement un service clientèle médiocre.

Les marques auront l'air défectueuses lorsque le magasin de dropshipping connaîtra des problèmes, qui seront éliminés par l'utilisation du protocole Splyt.

La marque réelle peut prouver sa part de la chaîne d'approvisionnement et confirmer que le magasin de dropshipping est responsable de l'élément final de la livraison du produit.

Les fonctions du protocole Splyt

Parce que Splyt est construit sur Polkadot, il peut profiter des transactions rapides, des frais de transaction quasi nuls et du traitement instantané de l'écosystème Polkadot. La technologie sous-jacente utilisée par Splyt est assez complexe et est décrite en détail dans leur document technique. Cependant, nous aimerions aborder brièvement chaque caractéristique du protocole Splyt afin de mieux comprendre la mission et les ambitions de l'entreprise ;

Gestion globale des stocks : Avec la création d'un NFT unique par article, les vendeurs connaîtront leur véritable inventaire à tout moment. En transférant le tout sur la blockchain, l'inventaire est constamment vérifié et rendu intemporel.

Paiements instantanés aux affiliés : Après une vente réussie à partir de l'inventaire global, les ventes des affiliés recevront des paiements instantanés. Dans la méthode traditionnelle de vente par affiliation, ces paiements prennent de longues périodes de transaction en raison de problèmes de vérification. Grâce à la technologie blockchain, les ventes peuvent être vérifiées instantanément et les paiements sont effectués instantanément.

Système de réputation universelle : Tout ce qui se passe sur une blockchain y reste pour toujours. Ainsi, toute boutique en ligne qui utilise le protocole Splyt obtiendra une certaine réputation au fil du temps. Cela augmente l'ordre de savoir s'ils traitent les commandes correctement, préviennent les litiges et prennent généralement bien soin des clients.

Traitement des litiges : Tous les litiges qui surviennent entre le client et le vendeur, ou entre le vendeur et l'affilié, peuvent être rationalisés en utilisant le protocole Splyt. Comme chaque étape est vérifiable, la confusion est éliminée et les litiges peuvent être résolus avant qu'ils ne surviennent.

Des actifs DeFi dans le monde réel : L'inventaire des jetons peut être utilisé comme garantie pour le financement décentralisé hors chaîne. Les mécanismes exacts derrière cette fonctionnalité seront partagés par l'équipe de Splyt à un stade ultérieur.

Analyses de la place de marché : Tout ce qui se passe sur les boutiques en ligne d'un vendeur est vérifié sur la blockchain. Les analyses sur la chaîne peuvent donc aider les vendeurs à maximiser leurs ventes grâce à des informations intelligentes.

Le protocole Splyt offre également la fonction Real World DeFi Assets, une fonction innovante qui peut être l'un des éléments les plus importants pour faire de Splyt la puissance qu'il mérite d'être. La liquidité est très importante pour les marques émergentes et elles n'ont souvent pas l'accès au capital dont elles ont besoin.

Splyt propose des prêts garantis, ce qui peut être un service très important pour ces marques émergentes.

Ces marques peuvent contracter des prêts auprès de l'écosystème Splyt et mettre en garantie leur inventaire, qui est stocké dans des installations de stockage centralisées.

Les produits sont toujours disponibles à la vente en ligne et l'emprunteur rembourse le montant emprunté. Si l'emprunteur ne respecte pas le contrat, Splyt peut liquider le stock par une vente flash et clôturer le contrat de prêt.

L'augmentation de l'inventaire en garantie minimise le risque encouru. Le livre blanc cite l'exemple d'un prêt de 10 000 dollars sur un inventaire de 40 000 dollars. Cela varie d'un cas à l'autre et est déterminé en fonction des données recueillies sur le marché.

Les caractéristiques que nous avons énumérées ci-dessus montrent le caractère unique et la complexité du protocole Splyt.

Bien que leur protocole soit varié, le projet a choisi une direction claire en choisissant un marché sélectionné plutôt que d'essayer d'être un touche-à-tout comme beaucoup d'autres projets.

Le jeton $Shop

Au cœur du protocole se trouve le jeton SHOP. Ce jeton a été créé pour inciter les vendeurs, les clients et les personnes extérieures à maintenir et à développer continuellement l'écosystème Splyt.

Toute personne possédant des jetons SHOP peut obtenir des récompenses et disposer de droits de vote pour décider de l'évolution de l'écosystème.

Il y a quatre fonctions principales pour le jeton Shopx :

- Donner aux utilisateurs l'accès à Splyt Core et permettre ainsi aux particuliers d'acheter et de vendre des stocks sur la blockchain mondiale des stocks.

- Décourager les comportements malveillants tels que le spamming sur le réseau, l'escroquerie à l'égard des autres membres de l'écosystème, ou la non-participation à un comportement réel qui reflète les accords sur la chaîne.

- Encourager les détaillants participants à regrouper les stocks de manière redondante dans les systèmes de commerce électronique existants, en réduisant les obstacles qui permettent aux entreprises oligopolistiques de prospérer dans le régime actuel du commerce électronique.

- Rémunérer les personnes, telles que les arbitres et les validateurs de listes, qui contribuent à assurer l'intégrité de l'écosystème Splyt Core dans un environnement de base.

En outre, les détenteurs de jetons SHOP pourront déployer leurs jetons de diverses manières, à court et à long terme, verrouillées et flexibles.

Partenariat avec Splyt

De nos jours, les seules choses qui comptent pour le succès d'un projet sont la technologie, l'équipe et les partenariats. Splyt n'est nulle part sans les personnes qui utilisent réellement leur produit.

Contrairement à ce qui se passait il y a quelques années, lorsqu'un projet comme Splyt annonçait son projet sans aucun partenariat, Splyt a maintenant surmonté ce problème de manière importante. Nous aimerions mentionner quatre partenariats en particulier.

Maison Du

Maison Du est le partenariat qui ajoute le plus de valeur à la proposition de Splyt. Grâce à Maison Du, une plateforme de commerce électronique pour le marché du luxe, le premier cas d'utilisation de Splyt sera le déploiement effectif de son produit.

Maison Du n'est pas juste un autre magasin de dropshipping, c'est plutôt un acteur majeur dans le monde de la vente au détail en ligne. Avec plus de 700 marques, plus de 1 100 succursales et plus de 1 000 transactions testnet, Maison Du est prête à commencer à utiliser le produit de Splyt à pleine échelle immédiatement.

Master Ventures

Début février, Master Ventures a officiellement annoncé son partenariat avec Splyt.

La plus grande partie du partenariat consiste à faire éclore Splyt et à le mettre à la portée du grand public.

Au cours des derniers mois, on peut dire que Master Ventures a réussi à faire en sorte que cela se produise. Avec des ventes privées sursouscrites plus de 100 fois, il y a beaucoup de demande et de battage autour du projet.

En outre, c'est Master Ventures qui a établi la connexion avec le partenaire suivant.

Réseau payant

Que signifie lancer un projet sans une rampe de lancement décente ? Splyt s'est associé à Paid Network pour accueillir sa vente publique sur la plateforme Ignition.

Ces derniers temps, Paid a fait le tour du secteur avec des dizaines de partenariats et beaucoup d'amour pour sa communauté.

Avec une communauté composée de milliers de membres, Splyt est désormais sous les feux de la rampe.

Bridge Mutual

Dans leur partenariat le plus récent avec Bridge Mutual, une plateforme décentralisée de couverture des risques discrétionnaires, Splyt intégrera l'application de couverture des risques de Bridge Mutual dans leur interface.

Comme indiqué dans leur article d'annonce, ceci est fait en fusionnant leur widget sur la plateforme Splyt pour fournir une expérience transparente pour nos utilisateurs, assurant la possibilité d'acheter une couverture pour leurs échanges sans souci.

Splyt a commencé son voyage en 2016 lorsque deux fondateurs se sont rencontrés et ont aligné leurs visions. En 2017, les deux ont commencé à créer les premiers contrats intelligents, puis des années de développement ont suivi. Actuellement, il existe un réseau de test fonctionnel qui est prêt à commencer à bouger et à accepter des utilisateurs. Leur mainnet apparaîtra au cours du premier trimestre de 2021.

En regardant plus loin, la feuille de route actuelle de Splyt n'est pas très détaillée et large, mais elle couvre la route pour l'année prochaine. En outre, les éléments énumérés sur la feuille de route de Splyt sont des étapes importantes qui ne peuvent être ignorées, comme l'intégration avec Polkadot, l'intégration avec Shopify et WooCommerce et bien d'autres choses encore à l'horizon.

L'avenir semble prometteur, mais tout dépend de la capacité à trouver les bons partenaires pour utiliser le produit.

Splyt est un nouveau projet qui a pour ambition de remodeler le commerce électronique en introduisant les NFT, en utilisant la technologie blockchain et en rendant l'ensemble du processus plus fluide.

La vision est ambitieuse, mais tout dépendra de la bonne exécution pour voir s'ils peuvent réaliser leurs ambitions. Le commerce électronique est une tendance croissante depuis des années, ouverte à l'adaptation de nouvelles technologies, mais la technologie blockchain doit encore fusionner avec cette industrie.

Si Splyt parvient à s'associer avec les bonnes entreprises, à gagner suffisamment de terrain et à normaliser l'utilisation des NFT, nous pourrions potentiellement voir Splyt traiter des millions de transactions et atteindre une capitalisation boursière importante. Une étape clé de ce processus est la migration vers la blockchain Polkadot.

Cela améliorera la vitesse des transactions et réduira leur coût, car la blockchain d'Ethereum est actuellement beaucoup plus lente que Polkadot.

Polkadot (DOT)

Polkadot a été lancé par le Dr Gavin Wood, cofondateur d'Ethereum et inventeur de Solidity, le langage de programmation des contrats intelligents sur la blockchain Ethereum. Frustré par le rythme de progression d'Ethereum 2.0, Wood a créé la Web3 Foundation avec Robert Habermeier et Peter Czaban.

Polkadot a ensuite été fondée par la Web3 Foundation. Fin 2017, la Fondation Web3 a mené une ICO basée sur le livre blanc de Polkadot. Avec le produit de cette ICO, la Fondation Web3 s'est ensuite mise au travail. À la mi-2019, la Web3 Foundation a lancé le dernier réseau de test de Polkadot, appelé Kusama.

Pendant la période du filet d'essai Kusama, des éléments clés de Polkadot ont été testés, tels que le sharding et la grève. En mai 2020, le premier bloc de la blockchain Polkadot a été lancé ; le bloc genesis.

Polkadot est un protocole open-source de sharding-multichain qui permet le transfert inter-chaînes de données ou de types d'actifs, donc pas seulement de jetons, rendant un large éventail de blockchains interopérables entre elles.

Tout un programme technique, mais Polkadot se distingue ainsi principalement par son mécanisme unique de sharding, mais surtout en permettant à différentes blockchains (cross-chain) de fonctionner entre elles sans problème : l'interopérabilité.

Cette interopérabilité décentralisée entre différentes blockchains contribue à façonner la vision de Polkadot.

Comment fonctionne l'interopérabilité de Polkadot ?

La principale caractéristique distinctive de Polkadot est l'interopérabilité inter-chaînes. Avec cette interopérabilité, Polkadot veut mettre en place un réseau complètement décentralisé et privé, contrôlé par ses utilisateurs.

Avec ce réseau, Polkadot veut faciliter la création de nouvelles applications et de nouveaux services. Le protocole du réseau y parvient en connectant les blockchains publiques et privées, les oracles et les technologies futures.

Ces blockchains indépendantes sont appelées "parachains". Nous y reviendrons plus tard. Cela permet à ces blockchains indépendantes de partager de manière fiable des informations et des transactions dans le cœur de la blockchain Polkadot ; la chaîne relais. Là encore, nous y reviendrons plus en détail ultérieurement.

Il est ainsi possible de construire des applications avec des données approuvées provenant d'une blockchain privée et de les utiliser sur une blockchain publique.

Par exemple, les données académiques privées et approuvées d'une école peuvent envoyer un certificat de réussite certifié à un contrat intelligent pour la vérification du diplôme sur une blockchain publique.

Passage de messages inter-chaînes : le protocole XCMP

À l'avenir, Polkadot souhaite fournir davantage d'interopérabilité entre les différents parachains par le biais du passage de messages inter-chaînes (XCMP). Cela permettra aux blockchains indépendantes, les parachains, de se connecter les unes aux autres. XCMP est actuellement en cours de développement et les détails sont susceptibles d'être modifiés. Grâce à XCMP, les contrats intelligents d'une parachaîne pourraient déclencher un contact intelligent d'une autre parachaîne.

L'évolutivité de Polkadot

Le problème numéro un du bitcoin et des crypto-monnaies en général est l'évolutivité. De nombreuses blockchains sont actuellement en proie à des vitesses de transaction lentes et à des coûts de transaction élevés.

Par exemple, les coûts de transaction sur la blockchain Ethereum sont actuellement incroyablement élevés en raison du fait que la blockchain Ethereum est utilisée par la majorité du secteur DeFi.

Polkadot a été conçu comme une solution à l'extensibilité des blockchains comme Ethereum, dont le débit de transactions est fortement limité par la nécessité pour chaque nœud de valider chaque transaction.

Polkadot utilise le sharding. Le sharding est une technique où tous les nœuds ne doivent pas vérifier chaque transaction. En fait, les transactions sont réparties entre plusieurs parties du réseau, appelées shards.

Ces shards, quant à eux, sont connus sous le nom de parachains chez Polkadot. Polkadot résout le problème de l'évolutivité grâce à une architecture de blockchain unique en son genre.

Chaîne de relais et parachutes

La chaîne de relais est le composant le plus important et le plus central de l'architecture de Polkadot. La chaîne de relais relie toutes les différentes blockchains ou shards du réseau Polkadot. La chaîne de relais fournit un consensus mutuel (accord) entre les différentes chaînes de blocs, connues sous le nom de parachains, ainsi que l'interopérabilité inter-chaînes mentionnée précédemment.

Sur la chaîne relais, les deux validateurs de Polkadot mettent en jeu les jetons DOT et vérifient pour la chaîne relais. La chaîne relais n'a que quelques responsabilités, comme la communication avec le système de gouvernance, les enchères parachain et la participation au mécanisme de consensus. Nous y reviendrons plus en détail dans un instant.

L'aspect le plus critique de la chaîne relais est qu'elle garantit que les transactions de tous les parachains du réseau peuvent être traitées en même temps et de manière sûre. L'évolutivité du réseau s'en trouverait améliorée. D'autres tâches sont assignées aux parachains, chacun d'entre eux ayant sa propre implémentation et ses propres caractéristiques.

Les blockchains individuelles qui peuvent fournir leurs propres jetons et adapter leurs fonctionnalités à des cas d'utilisation particuliers sont appelées parachains. La chaîne relais relie tous les parachains entre eux. Les parachains, quant à eux, peuvent être adaptés à une application spécifique.

Cela signifie que les équipes utilisant une parachaîne disposent de plus de fonctionnalités, de performances et de protection que si elles utilisaient leur propre blockchain générale. En outre, en utilisant Substrate, une plateforme de création de blockchains sur Polkadot, les équipes ou les entreprises peuvent réduire considérablement le temps nécessaire à la création d'une blockchain.

Les validateurs attachés à la chaîne de relais vérifient les données contenues dans le parachain. Il convient également de mentionner que la chaîne de relais ne peut pas être liée à un nombre infini de parachains.

Polkadot ne finance qu'un petit nombre de parachains, estimé à une centaine pour le moment.

Polkadot utilise des enchères sur les machines à sous parachain, ou des enchères pour faire court, car le nombre de machines à sous est faible. Les enchères sur le parachain ne sont que cela : des enchères.

Les enchérisseurs parachains participeront à la vente aux enchères en indiquant leur emplacement préféré sur la chaîne de relais ainsi que le montant de jetons DOT qu'ils sont prêts à payer.

Les soumissionnaires de Parachains peuvent le faire de leur poche ou utiliser la fonctionnalité de crowdloan pour lever des fonds auprès de la communauté.

Ponts de Polkadot

Comme indiqué précédemment, l'interopérabilité et le transfert inter-chaînes de données sont des caractéristiques importantes de la blockchain Polkadot. Le transfert inter-chaînes fait référence au transfert de données entre différentes blockchains indépendantes.

Cette propriété cross-chain est créée, entre autres, par ce que l'on appelle les ponts. Les ponts, ou ponts de blockchain, sont des moyens par lesquels deux blockchains indépendantes et technologiquement différentes peuvent communiquer entre elles.

Par exemple, la blockchain Bitcoin ou la blockchain Ethereum peuvent être connectées au réseau Polkadot via un pont.

L'algorithme de consensus de Polkadot

Avec les monnaies blockchain, il est important que
toutes les données de la blockchain soient approuvées
par tous les membres du réseau (nœuds). En d'autres
termes, tous les participants au réseau doivent convenir
que les informations figurant sur la blockchain sont
exactes.

L'algorithme de consensus est utilisé pour ce faire. Plus
d'informations sur les algorithmes de consensus
peuvent être trouvées ici. Polkadot utilise un algorithme
de consensus unique en son genre connu sous le nom
de Nominated Proof of Stake (NPoS). Il s'agit d'une
variante du système Proof of Stake.

Nominateurs

La chaîne de relais est sécurisée par des nominateurs
qui sélectionnent des validateurs dignes de confiance et
jalonnent le DOT. Vous pouvez devenir un nominateur
si vous êtes un utilisateur et un détenteur de jetons
DOT qui veut gagner plus de DOT en frappant mais ne
veut pas assumer la charge de gérer un nœud qui doit
être en ligne 24 heures sur 24, 7 jours sur 7.

Validateurs

Les validateurs protègent la chaîne de relais en
jalonnant les DOT, en validant les certificats de bloc des
collateurs et en collaborant avec d'autres validateurs
pour parvenir à un consensus. Le dispositif de Polkadot
sélectionne les validateurs plusieurs fois par jour. Dans
les heures à venir, ces validateurs joueront un rôle

essentiel dans des protocoles très sensibles comme la création de blocs.

Assembleuses

Les collateurs maintiennent un nœud complet d'un Parachain spécifique. Cela signifie qu'ils conservent toutes les informations nécessaires pour écrire de nouveaux blocs et effectuer des transactions. Dans des circonstances normales, ils collectent et exécutent des transactions pour créer un bloc non scellé et le fournissent, avec une preuve de transition d'état, aux validateurs chargés de proposer un bloc Parachain.

Comme il s'agit de nœuds à part entière, chaque collateur se connaît en tant que pair. Il leur est donc possible d'envoyer des messages du parachain A au parachain B ; c'est l'interopérabilité.

Pêcheurs

Des pêcheurs seront ajoutés au réseau Polkadot à l'avenir, mais ils ne sont pas accessibles actuellement. Le devoir des pêcheurs est de garder un œil sur les collateurs. Par conséquent, ils suivent le processus de création de nouveaux blocs et de transactions pour s'assurer qu'aucun changement d'état invalide n'est inclus.

La gouvernance de Polkadot

Le Polkadot (DOT) se distingue encore plus par la façon dont son gouvernement, ou sa gouvernance, est organisé. La gouvernance d'une crypto-monnaie s'intéresse à son avenir : toute amélioration et modification du réseau.

La mise à niveau d'une blockchain dans d'autres crypto-monnaies est souvent une méthode compliquée et longue. En réalité, une fourche dite dure est fréquemment le produit d'une mise à niveau.

Un hard fork peut prendre des mois et peut même provoquer la désintégration d'une communauté cryptographique. Le hard fork de Bitcoin Cash en est un exemple (BCH). Une partie importante du groupe Bitcoin Cash faisait initialement partie de la communauté Bitcoin, mais l'a quittée en raison d'un conflit sur la taille des blocs de Bitcoin.

Polkadot adopte une approche différente en mettant en œuvre un modèle de gouvernance ouvert et décentralisé qui donne du pouvoir aux utilisateurs. C'est ce que Polkadot appelle la "gouvernance du réseau axée sur l'utilisateur" ou la "gestion du réseau axée sur l'utilisateur". La gouvernance de Polkadot est composée de toutes les parties prenantes qui veulent en faire partie.

En votant sur des référendums avec le jeton DOT, ces parties prenantes s'engagent dans la gouvernance. Les référendums sont des systèmes de vote de base basés sur des jetons DOT qui ont été mis en jeu. Chaque référendum comporte une proposition distincte. Les référendums peuvent être lancés de différentes manières :

- Propositions soumises publiquement par la communauté Polkadot.
- Propositions soumises par le Conseil.
- Propositions soumises dans le cadre de la détermination d'un référendum précédent.
- Propositions d'urgence soumises par le Comité technique et approuvées par le Conseil.

Le système de gouvernance de Polkadot est composé des membres du Conseil, du Comité technique et de toutes les parties prenantes qui votent avec les jetons DOT qui ont été abandonnés.

Avec leurs jetons DOT abandonnés, les détenteurs de jetons DOT pourront voter sur les référendums et faire des propositions de référendum public.

Le Conseil est composé de membres qui ont été choisis par les détenteurs de DOT. Les référendums et les votes pour ou contre les mesures d'urgence sont proposés par le Conseil.

Contrairement au Conseil, le Comité technique est sélectionné par le Conseil sur la base d'une spécification formelle du protocole Polkadot plutôt que par vote.

En collaboration avec le Conseil, le Comité technique rédigera des référendums d'urgence qui pourront être votés et adoptés rapidement. Ces numéros d'urgence ne doivent être utilisés qu'en cas d'urgence du réseau Polkadot.

Le jeton DOT

La tokenomique est l'étude du fonctionnement des jetons dans l'écosystème plus large d'une cryptomonnaie. Dans le cas de Polkadot, ce jeton est le jeton DOT. L'écosystème de Polkadot inclut le jeton DOT à divers endroits, notamment dans la gouvernance et la grève.

Gouvernance du DOT

Comme mentionné précédemment, la première caractéristique du DOT est d'accorder aux détenteurs de DOT la possibilité de surveiller la gouvernance de la plateforme. Le système de gouvernance est chargé de décider des frais du réseau (coûts d'échange), de l'ajout ou de la suppression de parachains, et des événements spéciaux tels que les mises à jour et les réparations du réseau Polkadot. Polkadot exige qu'une personne possédant un DOT prenne part à la gouvernance.

DOT Stakes.

DOT est également utilisé dans le système de consensus de Polkadot : Nominated Proof of Stake, en plus du mécanisme de gouvernance (NPoS). Les grèves existent pour maintenir le fonctionnement du réseau Polkadot et pour permettre aux transactions légitimes d'avoir lieu sur les parachains.

Les détenteurs de DOTs frappent (déploient) leurs DOTs en échange d'une récompense. En revanche, si des membres malveillants du réseau ne respectent pas les règles, ils sont sanctionnés. Leur mise (déploiement) est révoquée.

Polkadot est en bonne voie pour mener à bien son projet. Le réseau utilisait encore la preuve d'autorité au moment du lancement de la crypto, mais il fonctionne maintenant avec succès sur l'algorithme de consensus NPoS depuis un certain temps.

Polkadot, quant à lui, est loin d'être terminé. À l'heure où nous écrivons ces lignes, la cryptomonnaie n'est constituée que de la chaîne de relais, le cœur du réseau.

Sur les réseaux de test parachain, la fonctionnalité de parachain est actuellement déployée pour être testée et corrigée. Les premières enchères de parachain, dans lesquelles les premiers parachains officiels seront sélectionnés, auront lieu dans un avenir proche.

De nombreux analystes estiment que les cryptomonnaies qui obtiennent un spot de parachat verraient leurs prix augmenter de manière significative.

Polkadot est l'un des altcoins les plus performants en 2020, ce qui n'est pas surprenant. La crypto-monnaie est un projet très ambitieux qui, comme Ethereum, aspire à être un nouveau type d'internet qui connecte diverses blockchains.

Conclusion

Vous devriez maintenant avoir une bonne idée de la manière de procéder à votre propre évaluation des risques lorsqu'il s'agit d'investir, de vendre et de négocier des NFT. Avant de commencer et de dépenser de l'argent, assurez-vous d'avoir un plan, tenez compte des frais d'essence, faites vos recherches et soyez impatient d'apprendre la valeur des biens numériques que vous voulez acheter.

Ne vous fiez pas au battage médiatique sans savoir ce que vous obtenez pour votre argent, ou vous risquez de vous retrouver à acheter un jpeg hors de prix que vous ne vendrez jamais.

Si vous êtes un artiste, nous vous présentons nos cinq principaux marchés, la façon de commencer à vendre vos NFT et les raisons pour lesquelles ils pourraient être la meilleure option pour vous de commencer à vendre vos œuvres en tant que NFT.

En outre, et nous ne pourrons jamais assez le répéter, la règle la plus importante pour investir dans les NFT et les vendre est de se renseigner sur le battage médiatique avant de commencer.

Faites-nous savoir ce que vous pensez de ce livre et, s'il s'est avéré utile, laissez-nous un commentaire afin que d'autres puissent en bénéficier également.

Merci d'avoir lu notre livre, et bonne chance pour vos futurs investissements et le trading NFT !

Nos livres

Consultez notre autre livre pour en savoir plus sur le trading de crypto, l'investissement, la façon de faire du profit et les conseils et stratégies essentiels pour un démarrage sans faille dans l'univers de la crypto.

Rejoignez le cercle exclusif des éditeurs de Stellar Moon !

Vous aurez un accès instantané à la liste de diffusion avec des mises à jour de nos experts chaque semaine !

Inscrivez-vous ici dès aujourd'hui :

https://campsite.bio/stellarmoonpublishing

www.ingramcontent.com/pod-product-compliance
Lightning Source LLC
Chambersburg PA
CBHW061248140726
47998CB00006B/2151